AF234462

NOTICE

SUR LA

DETTE AMORTISSABLE EXTÉRIEURE

D'ESPAGNE

PARIS

IMPRIMERIE CENTRALE DES CHEMINS DE FER

A. CHAIX ET Cie

RUE BERGÈRE, 20, PRÈS DU BOULEVARD MONTMARTRE.

1878

NOTICE

DETTE AMORTISSABLE EXTÉRIEURE

D'ESPAGNE

Cette dette fut créée pour payer les cinq coupons de la dette extérieure ordinaire du 1er juillet 1874 au 31 décembre 1876.

Les cinq coupons s'élevaient à 340,459,200 fr.

Elle rapporte 2 0/0 d'intérêt fixe. Au cours actuel de 32 1/2, à la veille du détachement de 1 0/0 du coupon du 1er janvier, cela représente 6.34 0/0 par an.

En dehors de cet intérêt fixe, le gouvernement espagnol amortira tous les titres émis par tirages semestriels, en quinze ans, et les remboursera à 50 0/0 de leur valeur nominale (*voir le tableau n° 1*).

Dans l'année 1877 les titres amortis se montaient à 6,809,184 francs (*voir pour les numéros sortis le tableau n° 2*).

Ils se montaient en 1878 à 10,213,776 fr., et ainsi de suite. Dans treize ans la totalité de l'emprunt sera amorti.

Cet amortissement si rapide, à si court délai, donne au titre une plus-value considérable, dont le public n'a pas encore saisi l'importance.

Il suffit de jeter un coup d'œil sur le tableau n° 4 dressé par M. Ch. Spitzer, le calculateur bien connu, pour comprendre le fonctionnement de l'intérêt fixe et de l'amortissement. C'est le détail de ce que le gouvernement paye à chaque échéance comme intérêt fixe de 1 0/0 par semestre d'abord, puis comme amortissement progressif d'après le tableau n° 1, et ensuite les deux sommes ensemble. Ce total constitue le vrai produit des titres restant en circulation jusqu'en 1891, époque à laquelle l'emprunt sera complètement éteint.

Le tableau n° 3, également dressé par M. Ch. Spitzer, achève cette étude et répond à toutes les questions.

1° Si j'achète aujourd'hui, ex-tirage de décembre courant, et si j'ai la plus mauvaise chance, celle de n'être remboursé qu'au dernier tirage, que m'aura rapporté mon titre à cette époque ?

Supposons que j'achète maintenant à 32 1/2, même sans le droit au tirage de fin décembre 1878. Je cherche le cours le plus rapproché de 32 1/2, soit 32.4992, et je vois au-dessus, dans la même colonne, 4 1/4 pour six mois, soit 8 1/2 0/0 l'an.

2° Si j'achète également aujourd'hui et que mon titre soit remboursé avant le dernier tirage, que m'aura-t-il rapporté ?

J'achète maintenant à 32 1/2 et je suppose que mon titre sorte au tirage de décembre 1883. Je compte les semestres écoulés pendant que je garde le titre en caisse, 10 semestres, et je cherche dans la ligne horizontale, à droite du n° 10, le chiffre se rapprochant le plus de mon cours d'achat. Je trouve 32.439. Je remonte dans la colonne verticale qui me donne 7 0/0 p ur six mois, soit 14 0/0 l'an.

3° Si j'achète plus tard, à l'une des dates fixées par la colonne des tirages, et que mon titre ne soit remboursé qu'à la fin, quel en aura été le rapport?

Supposons que j'achète en décembre 1880 à 34. Je cherche à côté de cette date, dans la ligne horizontale, le chiffre le plus rapproché de celui-là, 34.12. Je remonte dans la colonne verticale, qui me donne 4 1/4 0/0 pour 6 mois; 8 1/2 0/0 l'an,

---

4° Ce titre acheté plus tard étant remboursé dans un des tirages antérieurs au dernier, qu'aura-t-il produit?

Si j'achète à 34 en décembre 1880, mon titre venant à sortir au tirage de décembre 1885, je l'aurai gardé pendant 10 semestres. Je cherche à la droite du n° 10, dans la ligne horizontale, et je trouve 33.825 comme le plus rapproché de 34, et au-dessus, dans la colonne verticale, 6 1/2. Le titre m'aura donc produit un intérêt annuel de 13 0/0.

Après ce qui précède il est difficile de comprendre comment la Dette amortissable extérieure ne vaut que 32 1/2 au lieu de 40 ou davantage. Le public ignore ces détails et n'a pas fait ces calculs, personne n'a mission de les lui signaler, le gouvernement lui-même étant désintéressé dans la question.

La spéculation, elle non plus, ne s'est pas fixée là-dessus. Au cours actuel on achèterait avec 105 millions toute cette dette, tandis que, pour nous borner aux valeurs extérieures d'Espagne, il faudrait plus de 200 millions si l'on voulait accaparer les billets hypothécaires. Ne parlons pas de la Dette extérieure ordinaire, car il y a plus de 4 milliards en circulation.

Si encore le titre n'était pas classé ; mai il l'est parfaitement. Ayant été donné en paiement d'arrérages à de vrais rentiers, ceux-ci l'ont conservé pour la plupart, et n'ont eu qu'à se louer de leur inspiration.

D'ailleurs, les liquidations mensuelles sont là pour attester la rareté du titre. Les reports sont plus faciles que sur les autres valeurs espagnoles, ceux du mois qui précède chaque tirage semestriel se convertissent invariablement en *déport*, toujours plus fort que la vraie valeur du tirage ne l'indiquerait, ce qui prouve qu'il existe un découvert considérable, ou que le titre est si bien classé qu'il ne sort pas des portefeuilles.

A. C.

Paris, décembre 1878.

TABLEAU N° 1

Amortissement en 15 ans au taux de 50 0/0

En 1877...... 2 0/0	En 1882...... 6 0/0	En 1887...... 8 0/0
1878...... 3 0/0	1883...... 7 0/0	1888...... 8 0/0
1879...... 4 0/0	1884...... 7 0/0	1889...... 9 0/0
1880...... 5 0/0	1885...... 8 0/0	1890...... 9 0/0
1881...... 6 0/0	1886...... 8 0/0	1891...... 10 0/0
		TOTAL.... 100 0/0

TABLEAU N° 2

Liste des trois derniers tirages de l'amortissable ext. 2 0/0

TIRAGE DU 29 JUIN 1877		TIRAGE DU 29 DÉCEMBRE 1877		TIRAGE DU 29 JUIN 1878	
1re Série		**1re Série**		**1re Série**	
De 67 à	9.067	De 11 à	9.011	De 28 à	9.028
9.478	11.378	9.176	11.376	51	9.051
11.410	12.110	11.478	12.178	9.181	11.381
				9.194	11.394
				11.412	12.112
				11.428	12.128
2e Série		**2e Série**		**2e Série**	
De 67 à	10.367	De 11 à	10.311	De 28 à	10.328
10.478	12.478	10.476	12.476	51	10.351
12.510	13.310	12.578	13.378	10.481	12.481
				10.494	12.494
				12.512	13.312
				12.528	13.328
3e Série		**3e Série**		**3e Série**	
De 67 à	13.067	De 11 à	13.011	De 28 à	13.028
13.178	15.578	13.176	15.576	51	13.051
15.610	16.810	15.678	16.878	13.181	15.581
				13.194	15.594
				15.612	16.812
				15.628	16.828
4e Série		**4e Série**		**4e Série**	
De 67 à	30.967	De 11 à	30.911	De 28 à	30.928
31.078	31.978	31.076	31.976	51	30.951
				31.081	31.981
				31.094	31.994

NOTA. — Les titres amortis sont ceux dont la numération se termine par les chiffres suivants compris dans le tableau ci-dessus.

10 — 11 — 12 — 28 — 51 — 67 — 76 — 78 — 81 — 94.

(Se fixer bien sur le numéro de la Série.)

NUMÉRO D'ORDRE du Semestre	TIRAGES SEMESTRIELS		INTÉRÊT				
			$4\,\%$	$4\,{}^1/_4\,\%$	$4\,{}^1/_2\,\%$	$5\,\%$	$5\,{}^1/_2\,\%$
26	Décembre (ex-tirage).	1878	34,0172	32.4992	31,0666	28,437	26,091
25	Juin	1879	34,3778	32,880	31,464	28,859	26,526
24	Décembre	1879	34,753	33,2779	31,880	29,302	26,985
23	Juin	1880	35,143	33,692	32,313	29,767	27,469
22	Décembre	1880	35,549	34,4241	32,769	30,255	27,979
21	Juin	1881	35,971	34,5744	33,244	30,768	28,518
20	Décembre	1881	36,4094	35,0438	33,740	31,306	29,087
19	Juin	1882	36,866	35,5331	34,258	31,872	29,687
18	Décembre	1882	37,340	36,0433	34,780	32,465	30,319
17	Juin	1883	37,834	36,5731	35,366	33,089	30,987
16	Décembre	1883	38,347	37,1296	35,957	33,743	31,691
15	Juin	1884	38,881	37,7076	36,573	34,430	32,434
14	Décembre	1884	39,436	38,3102	37,221	35,151	33,218
13	Juin	1885	40,014	38,9384	37,896	35,909	34,045
12	Décembre	1885	40,614	39,5933	38,601	36,704	34,918
11	Juin	1886	41,239	40,276	39,338	37,340	35,838
10	Décembre	1886	41,888	40,9876	40,108	38,417	36,809
9	Juin	1887	42,564	41,7297	40,913	39,337	37,834
8	Décembre	1887	43,266	42,5032	41,754	40,305	38,915
7	Juin	1888	43,997	43,3096	42,633	41,320	40,055
6	Décembre	1888	44,756	44,1503	43,551	42,386	41,258
5	Juin	1889	45,547	45,0266	44,511	43,505	42,527
4	Décembre	1889	46,368	45,9403	45,514	44,68	43,866
3	Juin	1890	47,223	46,8927	46,562	45,914	45,278
2	Décembre	1890	48,112	47,8857	47,657	47,21	46,767
1	Juin	1891	49,038	48,9208	48,803	48,571	48,344
0	Décembre	1891	51	51	51	51	51

R SEMESTRE

%	6 ½ %	7 %	7 ½ %	8 %	8 ½ %	9 %	9 ½ %	10 %
3,994	22,117	20,435	18,926	17,569	16,349	15,249	14,255	13,356
4,433	22,555	20,866	19,346	17,975	16,739	15,621	14,609	13,692
4.899	23,021	21,325	19,796	18,413	17,162	16,027	14,997	14,061
5,393	23,517	21,819	20,282	18,886	17.620	16,469	15,422	14,467
5,917	24,046	22,346	20,802	19,397	18,118	16,951	15,887	14,914
6,472	24,609	22,911	21,363	19,948	18,658	17,475	16,396	15,405
7,060	25,208	23,514	21,964	20,544	19,244	18,048	16,953	15,946
7,684	25,847	24,160	22,612	21,187	19,879	18,672	17,564	16,540
8,345	26,527	24,851	23,308	21,882	20,569	19,352	18,233	17,194
9,045	27,251	25,591	24,056	22,633	21,317	20,094	18,965	17,914
9,788	28,022	26,382	24,860	23,444	22,129	20,902	19,767	18,705
,575	28,844	27,229	25.724	24,319	23.010	21,783	20,645	19,576
,410	29,719	28,135	26,654	25,264	23,966	22,743	21,606	20,533
,294	30,650	29,104	27,653	26,286	25,003	23,790	22,658	21,586
,232	31,643	30,142	28,727	27,388	26,128	24,931	23,810	22,743
,226	32,699	31,252	29,881	28,579	27,349	26,173	25,071	24,020
,279	33,825	32,439	31,122	29,866	28,671	27,531	26,453	25,423
,396	35,023	33,710	32,457	31,255	30,111	29,009	27,966	26,964
,580	36,300	35,070	33,891	32,755	31,670	30,620	29,623	28,66
,835	37,659	36,525	35,433	34,375	33,362	32,376	31,437	30,526
,465	39,107	38,081	37,090	36,125	35,198	34,290	33,423	32,579
,574	40,649	39,747	38,871	38,015	37,189	36,376	35,598	34,837
,067	42,291	41,529	40,785	40,056	39,351	38,652	37,980	37,320
,653	44,040	43,436	42,844	42,261	41,696	41,130	40,590	40,052
,332	45,903	45,477	45,057	44.641	44,242	43,832	43,446	43,058
,113	47,888	47,663	47,437	47,215	47,005	46,780	46,576	46,363
	51	51	51	51	51	51	51	51

TABLEAU N° 4

TIRAGES SEMESTRIELS	AMORTISS.	CAPITAL NOMINAL REMBOURSÉ	REMBOURSEMENT EFFECTIF à 50 0/0	INTÉRÊT SEMESTRIEL A 1 0/0	CAPITAL ET INTÉRÊT ENSEMBLE
Juin . . 1877	1 0/0	3.404.592	1.702.296	3.404.592	5.106.888
Décemb. 1877	1 0/0	3.404.592	1.702.296	3.370.346 08	5.072.842 08
Juin . . 1878	1 1/2	5.106.888	2.553.444	3.336.500 16	5.889.944 16
Décemb. 1878	1 1/2	5.106.888	2.553.444	3.285.431 28	5.838.875 28
Juin . . 1879	2 0/0	6.809.184	3.404.592	3.234.362 40	6.638.954 40
Décemb. 1879	2 0/0	6.809.184	3.404.592	3.166.270 56	6.570.862 56
Juin . . 1880	2 1/2	8.511.480	4.255.740	3.098.178 72	7.353.918 72
Décemb. 1880	2 1/2	8.511.480	4.255.740	3.013.063 92	7.268.803 92
Juin . . 1881	3 0/0	10.213.776	5.106.888	2.927.949 12	8.034.837 12
Décemb. 1881	3 0/0	10.213.776	5.106.888	2.825.811 36	7.932.699 36
Juin . . 1882	3 0/0	10.213.776	5.106.888	2.723.673 60	7.830.561 60
Décemb. 1882	3 0/0	10.213.776	5.106.888	2.621.535 84	7.728.423 84
Juin . . 1883	3 1/2	11.916.072	5.958.036	2.519.398 08	8.477.434 08
Décemb. 1883	3 1/2	11.916.072	5.958.036	2.400.237 36	8.358.273 36
Juin . . 1884	3 1/2	11.916.072	5.958.036	2.281.076 64	8.239.112 64
Décemb. 1884	3 1/2	11.916.072	5.958.036	2.161.915 92	8.119.951 92
Juin . . 1885	4 0/0	13.618.368	6.809.184	2.042.755 20	8.851.939 20
Décemb. 1885	4 0/0	13.618.368	6.809.184	1.906.571 52	8.715.755 52
Juin . . 1886	4 0/0	13.618.368	6.809.184	1.770.387 84	8.579.571 84
Décemb. 1886	4 0/0	13.618.368	6.809.184	1.634.204 16	8.443.388 16
Juin . . 1887	4 0/0	13.618.368	6.809.184	1.498.020 48	8.307.204 48
Décemb. 1887	4 0/0	13.618.368	6.809.184	1.361.836 80	8.171.020 80
Juin . . 1888	4 0/0	13.618.368	6.809.184	1.225.653 12	8.034.837 12
Décemb. 1888	4 0/0	13.618.368	6.809.184	1.089.469 44	7.898.653 44
Juin . . 1889	4 1/2	15.320.664	7.660.332	953.285 76	8.613.617 76
Décemb. 1889	4 1/2	15.320.664	7.660.332	800 079 12	8.460.411 12
Juin . . 1890	4 1/2	15.320.664	7.660.332	646.872 48	8.307.204 48
Décemb. 1890	4 1/2	15.320.664	7.660.332	493.665 84	8.153.997 84
Juin . . 1891	5 0/0	17.022.960	8.511.480	340.459 20	8.851.939 20
Décemb. 1891	5 0/0	17.022.960	8.511.480	170.229 60	8.681.709 60
		340.459.200	170.229.600	62.304.033 60	232.533.633 60

PARIS. — IMP. A. CHAIX ET Cⁱᵉ, RUE BERGÈRE, 20. — 21910-8.

9 782329 112404